EL CICLO DE VIDA

El gusano de seda

Edición revisada y actualizada

Ron Fridell
y
Patricia Walsh

Heinemann Library
Chicago, Illinois

www.heinemannraintree.com
Visit our website to find out more information about Heinemann-Raintree books.

To order:
☎ Phone 888-454-2279
💻 Visit www.heinemannraintree.com to browse our catalog and order online.

©2011 Heinemann Library
an imprint of Capstone Global Library, LLC
Chicago, Illinois

All rights reserved. No part of this publication may be reproduced or transmitted in any form or by any means, electronic or mechanical, including photocopying, recording, taping, or any information storage and retrieval system, without permission in writing from the publisher.

Edited by Adrian Vigliano, Harriet Milles, and Diyan Leake
Designed by Kimberly R. Miracle and Tony Miracle
Original illustrations ©Capstone Global Library Limited 2001, 2009
Illustrated by Alan Fraser
Picture research by Tracy Cummins and Heather Mauldin
Originated by Chroma Graphics (Overseas) Pte. Ltd.
Printed and bound in China
Translation into Spanish by DoubleOPublishing Services

17 16 15 14
10 9 8 7 6 5 4 3 2

Library of Congress Cataloging-in-Publication Data
Fridell, Ron.
  [Life cycle of a—silkworm. Spanish]
  El gusano de seda / Ron Fridell y Patricia Walsh.
    p. cm.—(El ciclo de vida)
  Includes bibliographical references and index.
  ISBN 978-1-4329-4371-4 (hc)—ISBN 978-1-4329-4388-2 (pb)
1. Silkworms—Life cycles—Juvenile literature. I. Walsh, Patricia, 1951- II. Title. III. Series.
  SF542.5.F7518 2011
  638'.2—dc22   2010009200

Acknowledgments
The author and publishers are grateful to the following for permission to reproduce copyright material: ©Em Ahart pp. **12, 21**; Corbis pp. **14, 15, 28 bottom** (©Gallo Images/Anthony Bannister), **26** (©Wolfgang Kaehler); Getty Images pp. **10, 28 top right** (©Keren Su), **24** (©Dennis Johnson); ©James Kalisch p. **29 top right**; ©Dwight Kuhn pp. **6, 8, 16, 19, 28 top left, 29 top left**; Photolibrary pp. **20, 29 bottom** (©Paul Beard)Photo Researchers Inc. p. **23** (©S. Nagendra); Photoshot pp. **7, 13, 22,** (©Bruce Coleman/E.R. Degginger); Shutterstock pp. **5** (©July Flower), **11** (©sf2301420max), **25** (©Joris Van Den Heuvel) **27** (©Naomi Hasegawa); University of Nebraska pp. **4, 9, 17, 18** (©James Kalisch).

Cover photograph of a silkworm reproduced with permission of age fotostock (©San Rostro).

Every effort has been made to contact copyright holders of any material reproduced in this book. Any omissions will be rectified in subsequent printings if notice is given to the publisher.

We would like to thank Michael Bright for his invaluable help in the preparation of this book.

Contenido

Algunas palabras aparecen en negrita, **como éstas**.
Puedes averiguar sus significados en el glosario.

Conoce los gusanos de seda

El gusano de seda es en realidad una oruga.

Un gusano de seda es un **insecto**. Parece que tiene muchas patas, pero sólo seis de ellas son patas verdaderas. Usa las otras diez patas para aferrarse a las plantas.

1 día

3 semanas

De 5 a 7 semanas

Hace muchos años, los gusanos de seda eran silvestres. En la actualidad, muchos gusanos de seda están **domesticados**. Viven únicamente en criaderos.

Los productores de seda **crían** gusanos de seda para obtener el hilo de seda que fabrican estos gusanos.

El huevo

La hembra de la mariposa de la seda pone cientos de huevos.

El gusano de seda comienza su vida en un huevito. Este huevo es uno de casi 300 huevos amarillentos y pegajosos que pone la hembra de la **mariposa** de la seda.

1 día

3 semanas

De 5 a 7 semanas

El huevo debe permanecer frío durante unas semanas. Luego, se calienta y su centro se vuelve negro.

Una vez que el huevo está caliente, toma unos diez días para que la cría salga del cascarón.

8 semanas

10 semanas

11 semanas

Salir del cascarón

La larva negra y pequeña ha salido del cascarón.

Cuando está lista para salir del cascarón, la diminuta **larva** del gusano de seda hace un agujero en el huevo y sale.

1 día

3 semanas

De 5 a 7 semanas

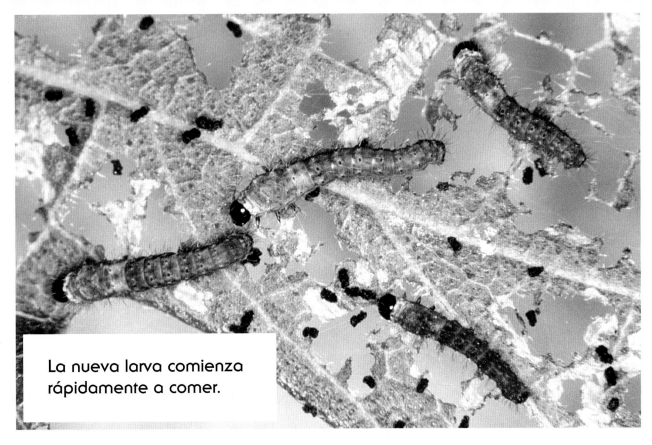

La nueva larva comienza rápidamente a comer.

Al salir del cascarón parece un diminuto cordel negro y no puede ir muy lejos pero está lista para comer.

8 semanas

10 semanas

11 semanas

La larva

La nueva **larva** debe estar cerca de su alimento. Dentro de unos días, la larva será más fuerte. Irá de una hoja a otra.

La larva come únicamente hojas de morera.

1 día	3 semanas	De 5 a 7 semanas

La larva ha pasado de ser negra a ser blanca.

La larva come muchas hojas de morera. No bebe agua. Obtiene suficiente **humedad** de las hojas.

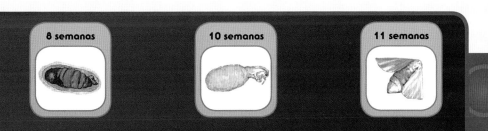

8 semanas

10 semanas

11 semanas

Mudar de piel

Puedes ver esta larva desprenderse de su piel vieja.

La piel de la **larva** no se estira cuando la larva crece. Para crecer, debe **mudar de piel**. La piel antigua se abre y el gusano de seda se desprende de la piel vieja para lucir una nueva.

1 día

3 semanas

De 5 a 7 semanas

La larva crece hasta tener aproximadamente el largo de tu dedo.

La larva muda de piel cuatro veces. Después de la cuarta muda, la larva come aún más hojas de morera que antes.

8 semanas

10 semanas

11 semanas

Hilar el capullo

El gusano de seda comienza a hilar un hilo de seda.

La **larva** está lista para hilar un **capullo**. Crea su capullo a partir de un largo y pegajoso hilo de seda que sale de su boca.

1 día

3 semanas

De 5 a 7 semanas

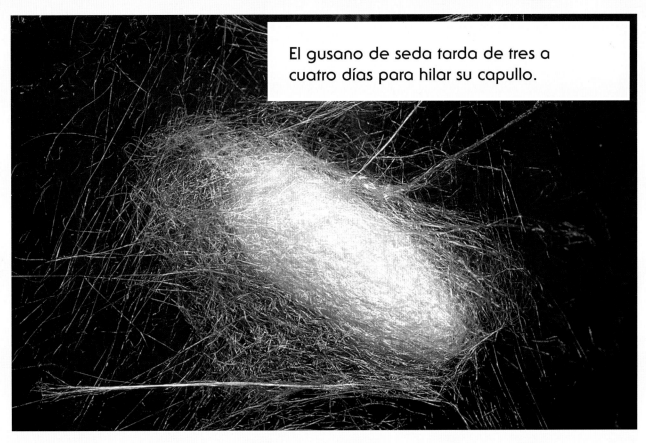

El gusano de seda tarda de tres a cuatro días para hilar su capullo.

Primero, la larva hila una tela de seda. Luego, hila sin cesar durante tres días. Se envuelve en un capullo de seda.

8 semanas

10 semanas

11 semanas

La pupa

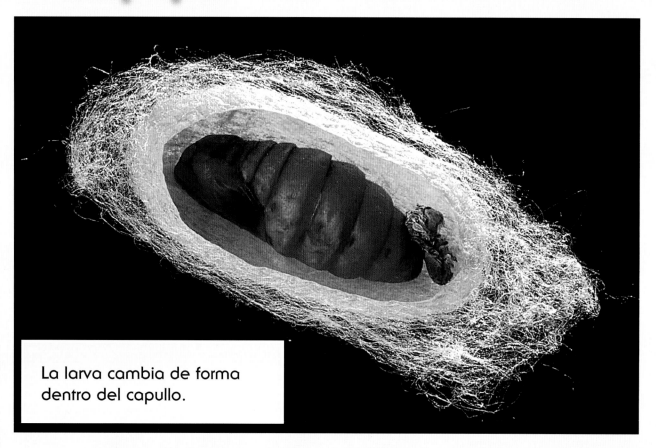

La larva cambia de forma
dentro del capullo.

Dentro del **capullo**, la larva **muda de piel**
por última vez. Esta vez se convierte en
una **pupa** marrón con un caparazón duro.

1 día

3 semanas

De 5 a
7 semanas

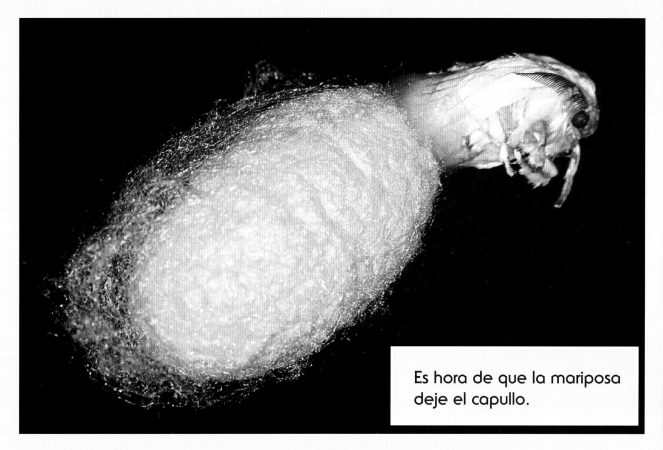

Es hora de que la mariposa deje el capullo.

En dos semanas se abre el caparazón. La pupa es ahora una **mariposa** de la seda. La mariposa escupe un líquido especial que humedece y forma un agujero.

8 semanas

10 semanas

11 semanas

Dejar el capullo

La mariposa se ve muy diferente del gusano de seda que solía ser.

La **pupa** se ha convertido en una **mariposa** de la seda adulta de color blanco. La mariposa tiene alas y ojos grandes. Sobre su cabeza tiene dos **antenas** que parecen plumas.

1 día

3 semanas

De 5 a 7 semanas

La mariposa de la seda se seca sobre el capullo.

La mariposa de la seda logra salir a través del agujero del **capullo**. En aproximadamente una hora, sus alas húmedas se abren y se secan.

8 semanas

10 semanas

11 semanas

La mariposa de la seda

La **mariposa** de la seda tiene seis patas y dos **antenas**. También tiene cuatro alas. Pero una mariposa **domesticada** no puede volar.

La mariposa de la seda mide unas 2 pulgadas (de 3 a 5 centímetros) de ancho.

1 día

3 semanas

De 5 a 7 semanas

La mariposa de la seda
sólo puede revolotear y
dar pequeños brincos.

Durante los próximos días, la mariposa
de la seda no come ni bebe nada.

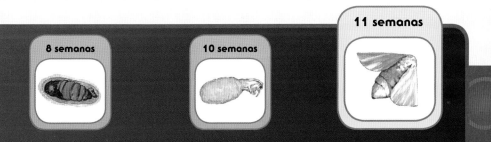

8 semanas

10 semanas

11 semanas

Apareamiento

Poco tiempo después de salir del **capullo**, la **mariposa** hembra produce un **aroma**. Este aroma ayuda a la mariposa macho a encontrarla. Luego se **aparean**.

La hembra de la mariposa de la seda es más grande que el macho.

1 día

3 semanas

De 5 a 7 semanas

La mariposa de la seda hembra pone sus huevos unas horas después de aparearse.

Después de aparearse, la mariposa macho muere. Una vez que la mariposa hembra haya puesto sus huevos, también morirá.

8 semanas

10 semanas

11 semanas

La seda de los gusanos de seda

Estos gusanos de seda están ocupados hilando sus capullos.

Los productores de seda **crían** gusanos de seda por sus **capullos**. Se tejen telas de seda con el hilo de seda de los capullos.

1 día

3 semanas

De 5 a 7 semanas

Los **capullos** que tienen agujeros no sirven para hacer hilos de seda.

En los criaderos de gusanos de seda, muchas de las **pupas** nunca se vuelven **mariposas**. Si dejan a las mariposas salir de sus capullos, éstos tendrían agujeros.

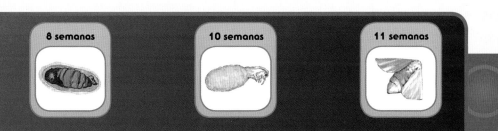

8 semanas

10 semanas

11 semanas

Fabricar telas de seda

Las máquinas entrecruzan los hilos de seda para formar hebras de seda.

El hilo de seda blanco y largo del **capullo** es tan delgado como una telaraña. Hay que desenrollarlo del capullo.

| 1 día | 3 semanas | De 5 a 7 semanas |

Las **hebras** de seda se tejen para obtener telas que se pueden **teñir** de cualquier color para fabricar prendas hermosas.

Estas niñas japonesas llevan vestidos de seda.

8 semanas

10 semanas

11 semanas

El ciclo de vida

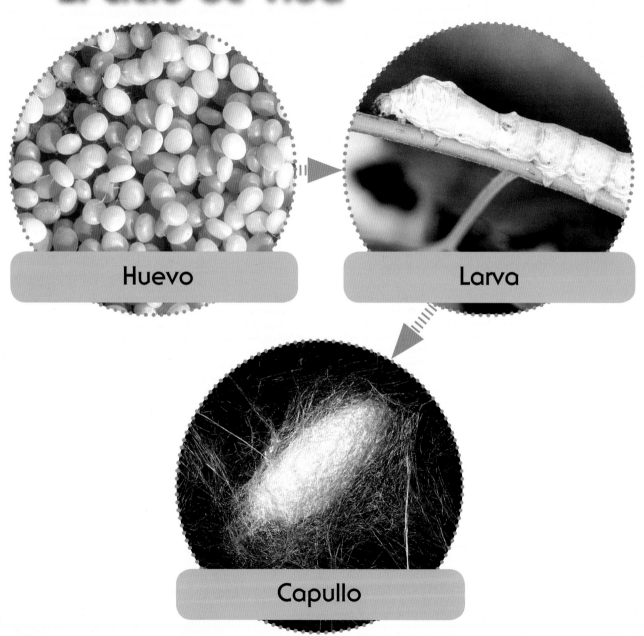

Huevo

Larva

Capullo

28

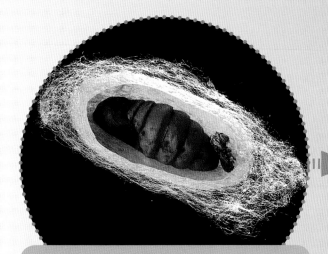

Pupa

Dejar el capullo

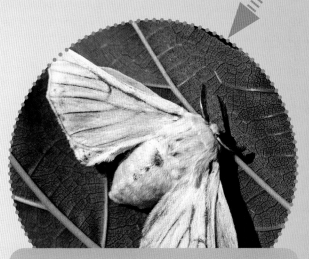

Mariposa de la seda

Archivo de datos

La **larva** del gusano de seda mueve su cabeza hacia atrás y hacia adelante, en forma de ocho, a medida que hila su **capullo**.

Con 110 capullos se fabrica una corbata de seda. Con 630 capullos se fabrica una camisa.

Otras **mariposas** vuelan para evitar **predadores**. La mariposa de la seda **domesticada** no tiene predadores, así que no vuela.

Un único hilo de seda de un capullo de gusano de seda puede medir una milla de largo. Eso es casi la longitud de 17 campos de fútbol puestos en fila.

Un hilo de seda es más fuerte que un hilo del mismo grosor de algunos tipos de acero.

Glosario

antena parte larga y delgada en la cabeza de un insecto

aparearse cuando un macho y una hembra se juntan para producir crías

aroma olor o perfume

capullo envoltura de seda que protege a la pupa

criar cuidar a un animal o una planta hasta que complete su crecimiento

depredador animal que come otros animales

domesticado cuidado por humanos

hebra hilo o cordel

humedad agua, cualidad de mojado

insecto animal pequeño que tiene seis patas, un cuerpo con tres partes y alas

larva etapa de la vida de un insecto en la que es similar a una oruga y en la que come y crece

mariposa insecto que tiene un cuerpo grueso y cuatro alas.

mudar de piel quitar la capa externa de la piel

pupa etapa de un insecto entre larva y adulto

teñir cambiar el color de una tela

Lectura adicional

Guillain, Charlotte and Sue Barraclough. *Investigate: Life Cycles*. Chicago: Heinemann Library, 2008.

Oxlade, Chris. *How We Use: Silk*. Chicago: Raintree, 2005.

Índice